童眼识天下 科普馆

JI DI DONG WU
极地动物

童心 ○编绘

化学工业出版社
·北京·

U0314328

编绘人员：

王艳娥　王迎春　康翠苹　崔　颖　王晓楠　姜　茵
李佳兴　丁　雪　李春颖　董维维　陈国锐　寇乾坤
王　冰　张玲玮　盛利强　边　悦　王　岩　李　笪
张云廷　陈宇婧　宋焱煊　赵　航　于冬晴　杨利荣
张　灿　李文达　吴朋超　曲直好　付亚娟　陈雨溪
刘聪俐　陈　楠　滕程伟　高　鹏　虞佳鑫

图书在版编目（CIP）数据

童眼识天下科普馆.极地动物 / 童心编绘 . —北京：化
学工业出版社，2017.8（2025.1重印）
ISBN 978-7-122-30204-5

Ⅰ.①童…　Ⅱ.①童…　Ⅲ.①常识课-学前教育-
教学参考资料　Ⅳ.①G613

中国版本图书馆 CIP 数据核字（2017）第 164577 号

项目策划：丁尚林　　　　　　　　　　　　责任校对：王　静
责任编辑：隋权玲　　　　　　　　　　　　封面设计：刘丽华

出版发行：化学工业出版社(北京市东城区青年湖南街13号　邮政编码100011)
印　　装：北京宝隆世纪印刷有限公司
889mm×1194mm　1/20　印张4　2025年1月北京第1版第12次印刷

购书咨询：010-64518888　　　　　售后服务：010-64518899
网　　址：http://www.cip.com.cn
凡购买本书，如有缺损质量问题，本社销售中心负责调换。

定　　价：19.80元

世界上最冷的地方，在地球的南北两端，那里是遗世独立的冰天雪海。但是，凌厉的冰雪和极度的严寒并没有让这里成为生命的荒原，不畏惧寒冷的极地动物是这里的主人，它们顽强地在极寒之地中生存、繁衍……

北极是不折不扣的冰雪世界，这里有地球上唯一的白色海洋——北冰洋。海洋中的鲸、鲨，天空中的雪雁、绒鸭，陆地上的北极熊、麝牛……北极，这片白色世界，也同样多姿多彩。

整个南极大陆都被厚厚的冰层覆盖着，这里是世界上唯一没有常住居民的大陆。不过，憨态可掬的企鹅、凶猛残暴的豹形海豹、会发光的磷虾、名声不太好的贼鸥……许许多多的动物也让这里生机勃勃。

极地世界很精彩！那还等什么，快走进《极地动物》一书。瞧，极地的动物朋友们正跟我们打招呼呢！

目录
CONTENTS

34

06

24

56

极地霸王——北极熊

提到北极，你会想到什么？冰山？冰海？或是极光？……答案也许千奇百怪，不过你一定不会遗漏北极熊。

厚厚的毛

北极熊身上有两层毛，外层是含有油脂的针毛，游泳时能防止海水侵入；里层是厚厚的绒毛，就像羽绒服一样保暖。此外，北极熊的毛很特殊，像是一根根空心管，这样的毛能够充分吸收阳光，增加身体的温度。

站起来，看得远

    北极熊总是用强壮的四肢在冰雪中行走，有时也会"站"起来。北极熊直立起来后，身高能够达到 3 米以上，一望无际的冰原它就可以尽收眼底了。

出色的游泳家

    你还不知道吧？北极熊的游泳能力可不一般。北极熊从小就跟着母亲学习游泳，它的脚掌宽大，能有力地划水；身体里储存的大量脂肪，可以让它漂浮在海面上。在北冰洋冰冷的海水里，北极熊可以一口气游四五十千米呢。

严冬，很少会见到北极熊的踪影，因为它要进行冬眠。冬眠时，北极熊可以很长时间不吃东西，呼吸甚至都能变慢。不过它并不是一直呼呼大睡，而是保持似醒非醒的状态，一遇到紧急情况，它会立刻惊起。

宝宝出生了

北极熊宝宝是在冬天出生的，一般都是双胞胎。刚出生的北极熊身长只有 20 厘米左右，体重也只有 600～700 克，就像一只老鼠。

恋冰的游泳健将——鞍纹海豹

鞍纹海豹也被称为格陵兰海豹，听名字就知道它应该生活在北极附近。鞍纹海豹一生都待在海冰及其附近，所以它还有一个绰号——"恋冰海豹"。

背着竖琴的海豹

鞍纹海豹也叫竖琴海豹，之所以这么叫，并不是因为它能发出竖琴一般的声音，而是因为它的背部有一块巨大的黑色斑纹，形状既像马鞍，又像一架竖琴，它因此得名。

游泳高手

    鞍纹海豹在冰面上时动作十分笨拙，防御能力不堪一击，北极熊可以轻易捕杀它。但是只要鞍纹海豹潜入水中，立刻就会展现游泳高手的风范，不仅速度快，还能潜到近300米的深海，真是令人惊叹。

海豹长大"十八变"

    鞍纹海豹宝宝刚出生时，全身长满了淡黄色的绒毛，两三天后，黄色褪去，绒毛变成了透亮的白色。慢慢地，白色的皮毛变成灰色，上面长满斑点，背部还出现了两条黑色的带子，远远望去，像极了马鞍。

北极小丑——海象

北极生活着这样一群动物，它们体形庞大，外表丑丑的，能够在海水中游泳，但更喜欢懒洋洋地躺在冰上晒太阳，它们的名字叫作海象。

长牙用处大

长牙对海象来说可是生活好帮手，它们是海象的重要工具，能够攀登浮冰、挖掘海底的食物。不仅如此，长牙还是海象的武器，海象群中谁的长牙最强大，谁就是这个群体的首领。

没穿"外衣"不冷吗？

别看海象没有长毛，但它们的皮肤非常厚，甚至可厚达5厘米，皮下脂肪层的厚度更是达到12～15厘米，有了这件天然的"厚棉衣"，即使在 –30℃ 的浮冰上睡觉，它们也不觉得寒冷。

皮肤为什么会变红？

当海象在海水中活动时，为了减少在冰冷海水中的能量消耗，它们的动脉血管就会收缩，皮肤就会呈现灰白色。而当它们爬上陆地晒太阳时，血液循环就会加快，血管渐渐扩张，皮肤就会变成红色。

群居

　　海象十分喜欢群居，常常数千头聚在一起，用鳍肢摩擦身体来驱赶身上的寄生虫。到了繁殖季节，雄海象会格外重视自己的领地，当其他雄海象闯入时，便会发生激烈的争斗。不过海象群体内部却非常团结，如果遇到同伴受伤，其他海象一定会上前救助。

摄食

　　海象不挑食，喜欢吃软体动物、虾蟹类和蠕虫，有时也会吃海中的植物。不过，海象在陆地上不会吃任何东西，这也算是它们的独特之处吧。海象的捕食工具除了长牙外，还有触须。它们先利用长牙翻动海底的泥沙，再用敏锐的触须去寻找食物。

报警！

　　海象大部分时间是在陆地上或浮冰上度过的，它们常常成千上万只聚在一起晒太阳、睡觉。每当这时，总会有一只警觉的海象负责站岗放哨。当有危险来临时，"警卫员"就会发出巨大的吼声，唤醒同伴。

圣诞老人的伙伴——驯鹿

提起圣诞老人，你一定会想到他那会飞的雪橇，而拉雪橇的就是长着大角的驯鹿。虽然驯鹿在现实中不会飞，但它却有许多本领。

四不像

驯鹿的模样很奇怪，它的角像鹿，头像马，蹄子像牛，身体又像驴。正因为如此，也有人把驯鹿称为"四不像"。

宝宝长得快

驯鹿妈妈会在春天生宝宝。小驯鹿的生长速度非常快，刚刚出生两三天，就可以跟在妈妈身边跑来跑去，过了一个星期，它们就可以飞快地跑起来，速度能达到每小时48千米。

大迁徙

　　每年春天，驯鹿都会进行一次长达数百千米的大迁徙，它们离开越冬的亚北极地区向北进发。在途中，它们会褪去厚厚的冬装，换上轻薄的夏衣。

能散发香气的麝牛

　　许多年前，探险家们在北极发现了一种身披长毛的大型动物，它的样子和牛相像，这种神奇的动物就是麝牛。

麝牛不是牛

　　虽然名字中有个"牛"字，但实际上麝牛并不是牛。麝牛学名的意思是"羊牛"，它是一种羊与牛之间的过渡型动物。麝牛的身体上会散发出一种麝香味，因此它又叫作麝香牛。

防寒服

　　麝牛身上披着厚厚的长毛，长毛下面还有一层厚厚的绒毛，这两重"防寒服"让麝牛可以承受-50℃的低温。但是"防寒服"也会给麝牛带来杀身之祸。极地地区天气变化无常，有时暴雨突然而至，淋湿的麝牛经寒风一吹就会被冻得一身冰柱，常常因此被活活冻死。

麝牛阵

麝牛性情温顺，即便强敌压境，它们也不会主动攻击，当然也不会束手就擒。它们会迅速摆成特殊的防御阵形：成年健壮的公牛头朝外围成一圈，把母牛和弱小的成员围起来，用锋利的双角和有力的蹄子警告捕食者不要靠近。

北极精灵——北极狐

提到狐狸家族最漂亮的成员，北极狐一定榜上有名。特别是在冬天，全身雪白的北极狐就像是北极的精灵。

食物

北极狐喜欢吃旅鼠、鸟和浆果，有时也会到海岸边捕捉鱼和贝类。在极度饥饿的时候，北极狐也会互相攻击。

导航迁徙

　　冬天，北极狐会离开巢穴进行长距离迁徙，等到第二年夏天再返回家园。它们有很强的导航本领，在迁徙旅行中不会迷路。

会变色的毛

　　北极狐全身都毛茸茸的，就连脚底下也密密地长着长毛，很适合在冰雪上行走。北极狐的毛会变色：从春天到夏天，它们的毛会逐渐变成灰黑色，冬天则是雪一般的白色。毛颜色的变化可以让北极狐更好地融入到不同季节的环境中去。

冰河世纪的幸存者——北极狼

北极狼又叫白狼，它是世界上最大的野生犬科动物。不仅如此，它还是冰河世纪的幸存者，在更新世晚期就已经出现在地球上了。

狼群

狼是群居动物，北极狼也不例外。北极狼每个家族大约有 20～30 个成员，在这个群体中，有一只领头的雄狼，它是整个狼群的权威，也是守护领地的主要力量。

捕食开始了

北极狼在捕食时非常有组织性，它们会选择一头弱小或年老的猎物，从不同的方向包抄，在合适的时机突然发起进攻。

冬天到了

北极的冬天异常难熬，气温低得难以忍受，太阳也终日不露面，动物们要么躲起来了，要么迁徙到了远方，北极狼必须不停地去寻找食物，储存足够的脂肪和能量，才能度过寒冷黑暗的冬天。

谜团重重的旅鼠

旅鼠是一种可爱的小型哺乳动物，特别的是它生活在北极，更特别的是旅鼠身上有很多未解的谜团。

超强繁殖力

旅鼠是世界上已知繁殖能力最强的动物，它每年可以生 7～8 次宝宝，每次会有 12 只小旅鼠降生。只需要 20 多天，小旅鼠就能长大成熟，可以繁殖下一代了。

迁徙

旅鼠也会迁徙，食物缺乏或者成员数量太多就会让它们离开现在的居住地开始迁徙。在迁徙途中，旅鼠每天大约会走 16 千米。这个速度对旅鼠来说非常快，但每个成员都必须努力赶上大部队，因为如果落后了就会面临死亡的危险。

集体死亡之谜

每隔几年，旅鼠群体数量就会达到顶峰，不久之后又会大量减少。传说，它们是集体奔赴大海自杀，只留下少数成员传宗接代，但是这种说法很难让人信服。至于旅鼠为什么会大量死亡，虽然科学家们进行了大量的观察研究，但至今仍没有确切的结论。

25

极地变色龙——北极兔

北极兔的体形比普通兔子要大，它的身体胖乎乎的，一身蓬松的绒毛让它更适应北极的环境。随着季节的变化改变自己的毛色，是北极兔的生存绝招。在春、夏、秋三季，它的毛色为灰褐色；到了大雪覆盖的冬季，毛色则变为白色。

厚厚的毛

北极兔长着厚厚的毛，它的毛可以分成两层：下层是浓密的短毛，可以保温；上层的毛细长柔软，非常蓬松，不仅能防寒，还能避免粘上脏东西。

穿着"雪鞋"

　　北极兔的脚掌很大，脚掌下还长着长毛，这样不仅可以保暖，还能防滑，让它的脚不会深陷在雪地中，方便北极兔在雪地里奔跑、跳动。

耳朵

　　为了适应寒冷的环境，北极兔的耳朵比较小，但这并不影响它拥有好听力。不仅如此，北极兔的耳朵还可以通过不同的位置和姿势，传达不同的信息。

27

擅长潜水的北海狗

北海狗是海狗家族中体形最大的成员之一，体长 1.4～2.1 米。它身体粗壮，但却非常擅长潜水和游泳，真可谓"人不可貌相"。

潜水高手

北海狗十分擅长游泳。它出生后不久就可以下水游泳，还能潜到 70 多米深的水域。随着体重的增加，它潜水的速度也随之加快，潜得也更深。

自私自利的伙伴

北海狗虽然也过着群居生活，但它们可不像其他动物那样团结。北海狗族群成员之间不仅不会相互关照，有时还会发生争斗。

捕食

北海狗的主食是鱼类。在捕食时，它会潜到水下，悄悄地跟在猎物后面，然后突然咬住猎物。可是，北海狗不会咀嚼，只能将食物撕成小块然后再吞下去。

29

远飞健将——雪雁

雪雁的体形很大，胖胖的身体不像是能飞起来的样子。但是，你一定想不到，雪雁每年都会进行远距离迁徙，它可是远飞健将呢。

群居

雪雁喜欢群居生活，数量少到几只，多到几千只，有时甚至会组成上万只的大群。在飞行时，它们会有序地排好队，有时是"一"字形，有时是"人"字形。

换羽毛了

鸟类大部分是要换羽毛的，大多数鸟类会让自己的羽毛逐渐更替，这样才不会影响飞行能力。但雪雁不同，它的羽毛会一下子全部脱落。这时雪雁会完全丧失飞行能力，只能藏在湖泊草丛中，防止敌害侵袭。

小雪雁出生了

每年五月下旬，雪雁会飞到北极的海岸苔原筑巢产卵。小雪雁的孵化期需要 22 天左右。宝宝出生后，许多雪雁家庭会联合成大集体一起保护小雪雁。在母亲们的辛勤抚养下，小雪雁大约 40 天就能展翅高飞了。

迁徙之王——北极燕鸥

北极燕鸥每年都要完成一次从南极到北极再从北极到南极的征程，可以说北极燕鸥是当之无愧的迁徙之王。

迁徙之王

当北极沉浸在极夜中时，北极燕鸥正在南极享受终日的阳光。北极圈刚刚迎来春天，北极燕鸥便从南极出发返回北极，为了顺应风势，北极燕鸥还会选择一条曲折的路线。

简易的巢

当小燕鸥快要出生时，北极燕鸥就会在陆地上筑巢安家。但它可没有耐心搭建精致的巢穴，随便在沙地上挖个小坑，有时铺上一些树枝和草，巢穴就搭建完成了。

辛苦的燕鸥爸爸

小燕鸥出生前，北极燕鸥妈妈会日夜不停地孵卵。这时燕鸥爸爸的捕鱼能力就要受到考验了，它不停地在"家"和捕食地往返，给自己的伴侣喂食，孩子是否健康，与燕鸥爸爸喂养家庭的勤劳程度密切相关。

极地绒球——绒鸭

在冰雪覆盖的北极，生活着一种海鸟，它浑身圆滚滚的，看上去像个大绒球，这种海鸟的名字叫作绒鸭。

绒鸭过冬

冬天到了，绒鸭会聚在海面上，它们热闹地挤在一起，身体的热量和不断的运动可以防止海冰封冻，绒鸭身下就形成了一个池塘。这样一来，绒鸭整个冬天都能得到充足的食物了。

天生会游泳

　　小绒鸭要在蛋里待上 1 个月才出生，为了保证绒鸭宝宝不被冻死，绒鸭妈妈几乎不离开巢，只有在天气温暖时，才会匆忙地飞到浅海吃些食物。绒鸭宝宝刚破壳几个小时，就能跟着妈妈到海里游泳潜水。

天然的羽绒衣

　　绒鸭可不怕冷，它身上的天然"羽绒衣"非常保暖。绒鸭的绒毛非常细致柔软，浓密的绒毛紧紧包裹住绒鸭的身体，看起来就很暖和。

极地鹦鹉——海鹦

海鹦有一副艳丽的面孔，大大的鸟嘴上有灰蓝、黄、红三种颜色，样子非常漂亮。别看它的个头不大，本领却不小哟。

可爱的外表

海鹦身长大约30厘米，身体的羽毛分为黑白两色。它的眼睛不大，眼睛周围还"画了眼线"，脚是鲜艳的橘红色，和嘴巴的颜色交相辉映。当它静静站立时，如同一个打扮得体的小绅士。

团结力量大

　　无论是迁徙飞行，还是在栖息地，海鹦总是成群结队地一起活动。这对它们来说是一种非常有效的自卫方式，当有入侵者进入它们的领地时，海鹦就会采用"人海战术"将入侵者赶走。

潜水捕鱼

　　海鹦是潜水能手。平常它在海面上低飞，但只要发现鱼的踪迹，海鹦瞬间就能潜入海中进行追捕，那对短小的翅膀还可以让它在水中自由地变换方向。另外，它的大嘴可以一次叼住10多条小鱼。

北极黑精灵——黑雁

在北极生活着一种以植物为食的精灵——黑雁。黑雁是北极为数不多的几种鸟儿之一，它生性活泼，热爱飞行，常常成群结队地外出活动。

飞呀！飞呀！

黑雁生性活泼好动，除了休息时间，它几乎很少静静地待在某个角落。喜欢群体出动的黑雁，在飞行时两个翅膀扇动得十分有力，有时还会发出"呼呼"声。

高超的水上功夫

黑雁在陆地上常常奔跑，行动非常敏捷，速度也很快。在水中，游泳是它的拿手绝活，丝毫不亚于奔跑。游泳时，黑雁往往会将前身下沉，然后高高地翘起白白的尾巴，样子滑稽又可爱。

吃饭了

黑雁主要以植物为食，海藻、嫩叶、苔藓、地衣都是它的食物。在繁殖季节，黑雁主要是在苔原上寻找食物。在非繁殖期，沿海和海边的泥地则成为了黑雁的主要觅食地点。

北极独角兽——独角鲸

在神秘的北极水域中有一种动物，它就像独角兽一样顶着长长的角，在北极冰海中神出鬼没，它就是独角鲸。

原来是"独牙"！

独角鲸的角其实并不是"角"，而是一颗不断生长的长牙。独角鲸出生后只有两颗牙，雌鲸的牙齿一直是藏起来的，而雄鲸的一颗牙齿则会破唇而出向外生长，成为独角鲸的"角"。

冬天出生的宝宝

独角鲸宝宝在寒冷的冬季出生。独角鲸从一出生就是巨型宝宝，重量能够达到母亲体重的1/3。出生后，小独角鲸还要跟随母亲生活20个月才独自生活。

冬天里的大胃王

　　虎鲸是独角鲸最大的威胁。但冬天一到，高高的背鳍会让虎鲸无法进入冻结的海域，冰块会把独角鲸和虎鲸分隔开。这时，独角鲸就可以安心地享用它的美食——大比目鱼了。也许正因为这样，每到冬天，独角鲸就会疯狂地进食。

行动缓慢的捕食者——北极露脊鲸

北极露脊鲸也叫弓头鲸，当它浮到海面上时，宽宽的背脊几乎有一半露在水面上，露脊鲸的名字就由此而来。

冰海中慢游

北极露脊鲸一生都生活在北极及附近水域，结实的身体和厚厚的鲸油，能让北极露脊鲸在冰冷的北极海域中保持体温。北极露脊鲸的游泳速度很慢，但它可以在海面上做一些高难度的"杂技"表演，跃身击浪、垂直出水都是它的拿手好戏。

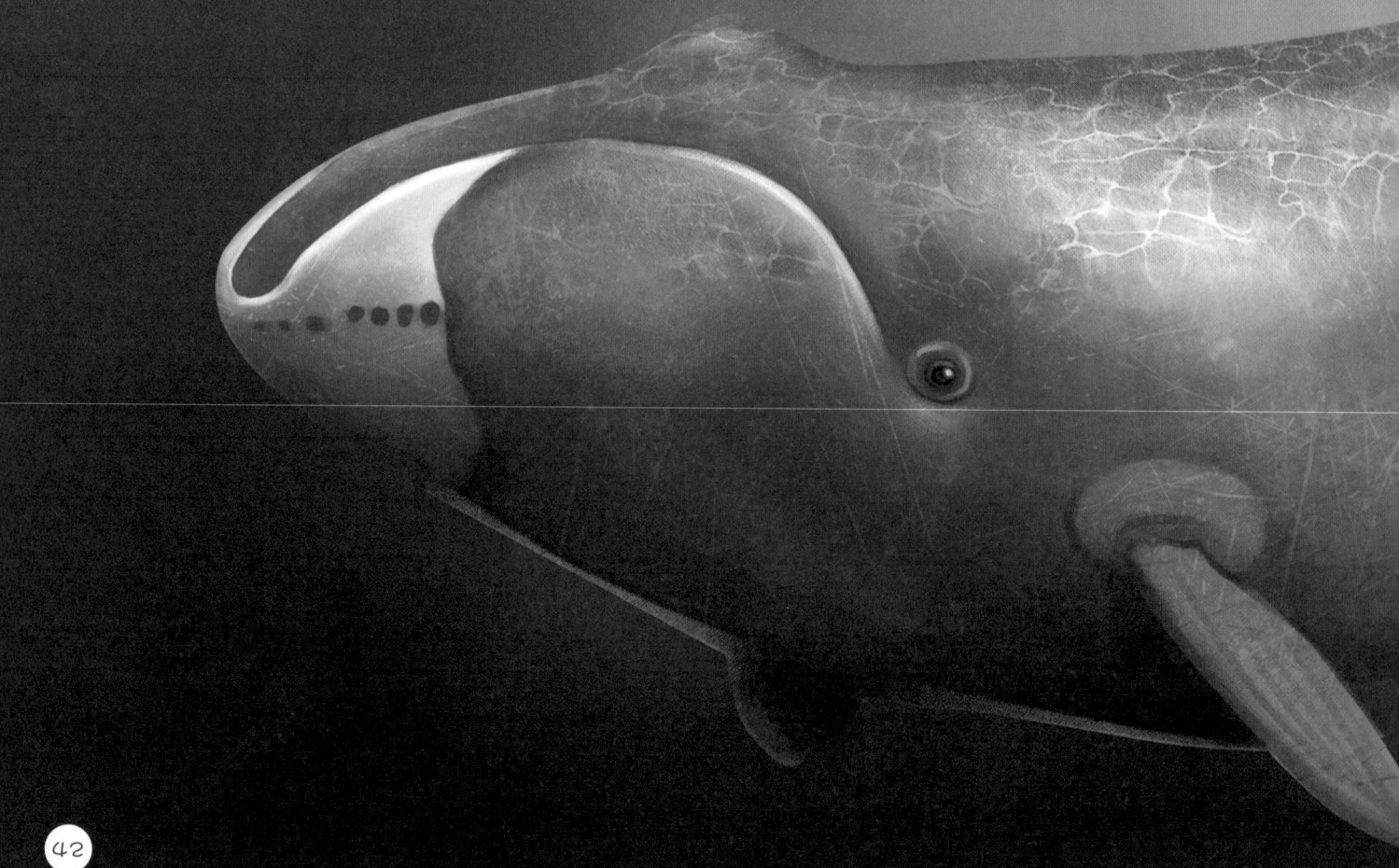

"作曲家"

  鲸唱歌并不是很奇特的现象，而北极露脊鲸与众不同之处在于，它可以将两种完全不同的声音混合在一起，用多种嗓音来演唱。而且，它还可以不断改进，创作出更加复杂的"曲子"。

爱斯基摩人的文化

  "捕鲸"是爱斯基摩人文化的核心。而这里说的"鲸"，主要指的是北极露脊鲸，在 18 世纪中后期，北极露脊鲸几乎被捕杀殆尽。现在，北极露脊鲸成了世界上最稀有的鲸类之一。

海中金丝雀——白鲸

白鲸以悦耳多变的叫声和丰富可爱的面部表情闻名于世，被称为"海中金丝雀"。它生活在冰雪覆盖的北极，独特的白色身体成为它天然的保护色。

夏天要旅行

每年7月，成千上万头白鲸会从北极地区出发，开始它们的夏季迁徙。它们迁徙的目的地大都集中在纬度靠北的地方，不过有些调皮的白鲸会独自南下。

口技专家来了！

白鲸是鲸类王国优秀的"口技"专家，能发出几百种声音，有猛兽的吼声、牛的哞哞声、猪的呼噜声、马的嘶鸣声……它们甚至可以模仿人类说话。

敌人来了！

在北极，白鲸随时都有可能遭遇虎鲸和北极熊的攻击。北极熊一般在冰层的出气口周围埋伏等待，当白鲸浮出水面换气时，北极熊会用锋利的爪子重重一击，白鲸无法逃脱，就只能成为北极熊的盘中餐了。

悠哉的漫步者——小头睡鲨

小头睡鲨又叫格陵兰鲨，生活在格陵兰岛和冰岛附近的大西洋海域。它生性慵懒，游动速度慢，就像睡着了一样，"睡鲨"之名由此而来。

懒懒不想动

小头睡鲨居住在 2000 米深的海底，行动极其缓慢，它摆动一次尾巴需要整整 7 秒，捕猎者甚至可以用一只手就能抓住它。

有失有得

小头睡鲨身上寄居着一种桡足动物，它会吃小头睡鲨的眼角膜，这就给小头睡鲨造成了视力的损伤。但是，这位寄居者并非全无好处，它可以发光，能做小头睡鲨捕食的诱饵。

别吃我，我有毒！

小头睡鲨的肉是有毒的，其他动物吃了它的肉就会受到神经毒素的影响。但奇怪的是，小头睡鲨之间会发生同类相食，但它们并不怕彼此肉中的毒，也许它们对那种毒素已经有抵抗力了吧。

最不怕冷的鱼——鳕鱼

鳕鱼，听名字就知道它应该是个不怕冷的家伙。在北极的冰层中，北极鳕鱼随处可见。它只喜欢在冷水中生活，只要水的温度高于5℃，北极鳕鱼就不见踪影了。

吃得多，长得快！

鳕鱼生长速度很快，大约10年左右，鳕鱼就可以从几毫米的鱼卵长成1米的大鱼。这样的生长速度得益于鳕鱼不挑食，吃得多，自然长得也快。

鳕鱼不怕冷

鳕鱼的耐寒秘诀是什么呢？原来鳕鱼的血液中有一种特殊的成分，科学家称之为抗冻蛋白。鳕鱼有了它，就像有了防冻剂一样，当然就不怕冷了。

危险真多！

冬天到了，鳕鱼的身体中有一半是脂肪，这可是北极的"猎手"们最需要的东西，因此鳕鱼成了海豹、鲸和鸟类的重点捕食对象。不仅如此，北极熊、北极狐也会在食物缺乏的时候，捕捉鳕鱼来填饱肚子。

南极的象征——企鹅

如果说北极熊是北极霸主，那企鹅就是名副其实的南极主人了。它是最古老的游禽，也是不会飞的大鸟。

用翅膀游泳

企鹅的翅膀不是用来飞行的，而是用来游泳的。一到水里，企鹅那对短小的翅膀就成了一双有力的"船桨"，可以让企鹅在水中快速游动。

光脚不怕冷

企鹅的脚上没有羽毛，它的脚不怕冷吗？其实，企鹅双脚上有特殊的热交换系统，能保护脚不被冻坏。另外，企鹅能很巧妙地调节脚上的血液流量，寒冷时就减少脚上的血液量，暖和时就增加血液流量。

企鹅的羽毛是重叠的鳞片状，密度也比其他鸟大三四倍。这件特殊的"羽毛衣"，不仅能抵御南极极端的寒冷，就连海水也浸透不了。另外，厚厚的脂肪也是企鹅的保暖利器。

爸爸孵宝宝

　　有相当数量的企鹅宝宝是由企鹅爸爸孵化的。通常企鹅妈妈负责生蛋，然后把蛋交给企鹅爸爸来孵化。企鹅爸爸把蛋放在自己的脚上，用肚子下的皮肤把蛋盖住。为了保证蛋的温度，企鹅爸爸就一直站着，不吃饭也不睡觉。

摇摇摆摆走起来

企鹅身材肥胖，走起路来总是一摇一摆的，显得很笨拙。如果遇到危险，惊慌的企鹅会连滚带爬，非常狼狈。为了逃跑，它会立即趴在地上，肚子贴着冰面，用双脚推动，快速地在冰上滑动逃跑。

企鹅吃什么？

南极磷虾是企鹅最主要的食物，它偶尔也会吃些小鱼和乌贼。企鹅的胃口可不错，平均每只企鹅每天能吃 0.75 千克食物。

穿着礼服的皇帝——帝企鹅

帝企鹅，听名字就感觉它很威风。那当然，它可是被称为"企鹅皇帝"呢。

聚在一起才温暖

　　不论是觅食还是筑巢，帝企鹅都喜欢聚在一起。冬天在冰天雪地的南极，经常会见到成群结队的帝企鹅，这时它们正忙着孵化小企鹅。为了躲避严寒和风暴，帝企鹅会把身体紧紧地靠在一起，来保持身体的温度。

企鹅托儿所

小帝企鹅出生后，就由爸爸妈妈轮流抚养。为了方便外出觅食，以更好地喂养小企鹅，帝企鹅父母会把宝宝交给邻居照顾，许多小企鹅聚在一起，就形成了一个"托儿所"。

下海去捕食

帝企鹅虽然属于鸟，但它的游泳能力可不差。帝企鹅每小时能游 6 ～ 9 千米，爆发时可以游 20 千米。它还有很强的潜水能力，通常它会潜到 150 ～ 250 米的水下，那里可以找到新鲜的鱼和磷虾。

温柔的绅士——王企鹅

王企鹅的外形与帝企鹅相似，它比帝企鹅更苗条一些。另外，王企鹅是南极企鹅中最优雅、最温顺的成员，堪称"企鹅绅士"的代表。

漂亮的模样

王企鹅除了比帝企鹅苗条，羽毛的颜色也比帝企鹅艳丽。虽然这两种企鹅的脖子和头上都有黄色的羽毛，但是王企鹅的羽毛颜色更加鲜艳靓丽，面积也更大，所以它被认为是南极最漂亮的企鹅成员。

分散捕食

王企鹅也是群居动物，饮食和居住都是和伙伴们聚在一起。不过在捕食时，它们会分成一个个小分队，到海里捕捉小鱼、小虾和乌贼。

夏天出生的小宝宝

　　小帝企鹅选择在黑暗的冬天出生，但王企鹅宝宝可禁不住冬天的寒冷，它们选择在比较温暖的夏天出生，在冬天到来之前它们就能在海边自由来回了。

有很多名字的巴布亚企鹅

说起企鹅绅士，一定不要忘记提巴布亚企鹅，因为它的别称就是绅士企鹅。此外，巴布亚企鹅还有许多其他的名字呢！

名字可真多

除了被称为绅士企鹅外，巴布亚企鹅因为眼睛上面有一块明显的白斑，像是一条白眉毛，因此又被叫作白眉企鹅。另外，如果你听到有人叫它金图企鹅，也不用太疑惑，这也是巴布亚企鹅的名字。

游泳能手

　　巴布亚企鹅不仅名字多，还是企鹅家族速度最快的游泳能手呢。巴布亚企鹅每小时能游 36 千米，不过它的潜水能力并不强，所以巴布亚企鹅一般都在浅海捕食，南极磷虾是它的主要食物。

南极大家族——阿德利企鹅

说起南极最常见的企鹅，莫过于阿德利企鹅了，这片冰雪大地上大约生活着5000万只阿德利企鹅。

石子筑巢

为了防止融雪把企鹅蛋浸湿，阿德利企鹅会用石子筑起一个合适的巢供孵卵时站立。石子可是阿德利企鹅的宝贝，有时它们会偷走邻居家的石子，为此阿德利企鹅之间还发生过不少冲突呢。

跳跃吧，阿德利企鹅！

阿德利企鹅不会飞，但它却是跳跃高手。冬天时，阿德利企鹅会成群结队地出现在浮冰或冰山上，春天一到它们就会返回陆地。在返回陆地的途中，如果遇到冰层的阻挡，阿德利企鹅能够垂直跳起2米，跃过障碍继续前进。

谁先下水？

阿德利企鹅在下水前，会表现得非常紧张。它们焦躁地徘徊着，谁也不肯先下水。终于，某个"小勇士"打破僵局第一个跳下去，其他企鹅随后会争先恐后地下水，因为落单是很危险的。

无法驯化的猛兽——豹形海豹

豹形海豹的头非常大，嘴巴能张开的程度远远大于其他海豹。特别的是，它的牙齿结构非常复杂，而且异常锋利，被它咬住的猎物，基本没有逃脱的可能。

攻击人类！

豹形海豹是海豹家族中唯一会攻击人类的成员。一旦有人靠近它们，这些坏脾气的家伙就会对人类发起猛烈攻击。

企鹅怕它！

　　豹形海豹应该是企鹅最大的敌人了。在水中，企鹅如果遇到豹形海豹，那就相当危险了。豹形海豹会盯住企鹅紧追不放，直到企鹅精疲力尽，成为它的美餐。即便企鹅逃到浮冰上，豹形海豹也能箭一般冲上去，一口咬住企鹅的双脚。

极地海洋猎手——虎鲸

要说南极最顶级的掠食者，那就一定是虎鲸了。而且只要是有虎鲸的海洋，其他生物就休想称王称霸。

虎鲸大家庭

虎鲸从出生到终老，都生活在一个大家庭中，它们在一起旅行、用食、休息，互相依靠着生存长大。群体成员间的关系亲热而团结，如果有成员受伤，其他成员就会前来帮助。

它很爱"说话"

虎鲸喜欢说话，而且常常喋喋不休地讨论。它可是出名的"语言大师"，能发出60多种含义不同的声音。一些科学家认为，虽然虎鲸没有文字，但它的语言比人类的还复杂。

捕猎开始了

　　虎鲸的猎物多种多样，从鱼到乌贼、企鹅、海豹、海豚，甚至是体形巨大的动物蓝鲸。虎鲸经常群体出动围攻猎物，猎物一旦被锁定，就很难逃脱。

冰海下的精灵——南极鱼

南极的冰层下面，温度低得无法想象。你一定想不到，南极鱼就生活在这样的环境中，它看起来丝毫不怕冷，依然悠然自在地生活着。

南极鱼为什么不怕冷?

南极那么冷，生活在那里，鱼的身体不会结冰吗? 当然不会，在南极海域生活的鱼可是一点都不怕冷。原来，南极鱼的血液中含有"防冻剂"——一种抗冻蛋白，这就像是给南极鱼穿了一件隐形的棉衣，即便海水再冰冷，南极鱼都不怕。

它们很怕热！

南极鱼面临的最大威胁不是来自捕食者，而是来自人类活动造成的气候变化。南极海域也没能逃过全球变暖的影响。南极鱼对温度的变化很敏感，它无法忍受高温，所以海水的温度变化可能会给南极鱼带来巨大的灾难。

67

冰海下的荧光——南极磷虾

生活在南冰洋中的磷虾，个头不大，体长不过5厘米左右，但是数量却非常惊人，有时可以组成长、宽数百米的队伍，使得整片海水都为之变色。

食物仓库

南极磷虾的数量非常惊人，保守统计也有6亿～10亿吨。在南极的生物链中，它占有重要地位，还被认为是人类未来的蛋白质仓库呢。

黑夜中的光

磷虾的身上有许多球形的发光器，就像一个个小灯泡。夜晚，如果在南极海洋中见到一大片强烈的磷光，那没准就是磷虾群。

快速逃跑！

磷虾面对众多捕食者并没有什么反抗能力，但敌人来时，它也不会坐以待毙。遇到危险时，磷虾会摆动尾节向后快速游动，用这种方式游泳，速度可以超过每秒 60 厘米，运气好的话，也许可以成功逃生。

空中盗贼——贼鸥

　　在南极，有一种海鸥被称为贼鸥。听名字就知道它大概不是什么好东西。的确，它的名声并不好，因为惯于偷盗抢劫，人们把它称作"空中盗贼"。

不劳而获

　　贼鸥被称为"空中盗贼"，是有原因的。在南极这样的环境中生存，贼鸥全靠它强悍的偷盗本领。贼鸥行动敏捷、战斗力强，可以迫使其他鸟类吐出食物。不仅如此，它从来不自己筑巢，而是驱赶其他海鸟，抢夺它们的家。

不挑食

　　贼鸥对食物并不挑剔，不管是什么，只要能填饱肚子就可以。除了鱼虾之外，鸟蛋、幼鸟、动物尸体等都可以成为它的食物，甚至连鸟兽的粪便贼鸥都能接受。

"小宝宝"们的敌人

在企鹅、燕鸥甚至海豹的家附近，常常埋伏着贼鸥，它们的幼崽是贼鸥的主要攻击目标。在企鹅和海豹的繁殖季节，贼鸥常常突然出现，捕食幼崽，盗走企鹅蛋。

南极的清道夫——白鞘嘴鸥

白鞘嘴鸥全身雪白，长得圆圆胖胖的，因为嘴巴旁边长着粗糙的角质鞘而得名。

机会主义者

白鞘嘴鸥能够飞翔，但大多数时间都在地面上搜寻食物。它经常在企鹅巢穴边巡视，偷吃小企鹅的食物碎屑，也会吃掉企鹅父母因为大意留下的企鹅蛋。有时，白鞘嘴鸥也会尾随贼鸥等掠食者，等它们捕食成功后，趁机分一杯羹。

瞧瞧它的脚

　　白鞘嘴鸥和普通的海鸥不同：海鸥的脚爪上都有蹼，这让它们可以在海面上游泳、觅食；但白鞘嘴鸥的脚爪上却没有蹼，所以它不能在海上捕食鱼虾。

不挑食

　　白鞘嘴鸥不挑食，海藻、鸟粪、鸟蛋、幼鸟、动物尸体……它都吃。不仅如此，科学考察站的垃圾和剩饭也是它充饥的食物。怪不得白鞘嘴鸥被称为"南极的清道夫"呢。

长翼的海上天使——漂泊信天翁

漂泊信天翁是体形最大的一种信天翁，也是翼展最长的鸟。它非常善于利用海上气流的变化在天空中滑翔，被人们称为"杰出的滑翔员"。

忠诚的鸟儿

漂泊信天翁4岁以后就会飞回自己的出生地，开始寻找配偶。一般要"考察"一两年，它们才能认定"婚事"。它们一旦找到"意中人"，就会终生相伴。

生活习性

漂泊信天翁在大海上漂泊、觅食，以鱼类、磷虾等为食，还经常追随海上行驶的船只。漂泊信天翁的睡眠方式较为奇特——飞翔时大脑左右两部分交替休息，这使它们可以在飞行的同时完成睡眠。

惊人的翼展

漂泊信天翁的翼展在现有已知鸟类中是最大的，平均翼展可达 3.1 米，最大的翼展达 3.7 米。

南冰洋中的巨无霸——蓝鲸

蓝鲸是一种海洋哺乳动物，是已知地球上现存的体形最大的动物，分布在南北半球各大海洋中，南极附近的冷水中数量较多。

蓝鲸有多大？

蓝鲸是地球上最大的动物。它的体长在 30 米左右，体重在 150 ～ 180 吨，最重可超过 200 吨。据说，它的舌头上可以站 50 个人，血管粗得足以装下一个小孩。

大嗓门

蓝鲸是地球上所有动物中发声最大的，它用一种低频率的声音与同伴联络，有时这个声音会超过 180 分贝，比喷气式飞机起飞时发出的声音还要大。

大胃王

蓝鲸的食量和它的体形一样大得惊人，一次可以吞食200 万只左右的磷虾，每天要吃 4～8 吨食物。它捕食时会将海水和食物一起吞下，然后将海水从须缝中排出，鱼虾就这样被吞进肚子里了。

长着长鼻子的南象海豹

南象海豹是个十足的大胖子，雄兽的体重甚至能超过 3 吨。特别的是，雄性南象海豹有能够伸缩的长鼻子，当它兴奋或者发怒时，长鼻子会膨胀起来。

不讲卫生

南象海豹不仅模样不漂亮，而且还不太讲卫生。特别是每年换毛的时候，它们会成群挤在长着苔藓植物的泥坑里，弄得自己满身是泥。

柔软的身体

南象海豹的身体虽然又大又胖，但是却非常柔软，它的头可以向后弯曲超过90度呢。

潜水亚军

南象海豹擅长潜水，它可以潜到2300米的深海。这样的潜水能力仅次于抹香鲸，所以南象海豹可以称得上是哺乳动物中的"潜水亚军"。

喜欢吃磷虾的锯齿海豹

锯齿海豹是世界上现存数量最多的海豹，它体长 2.5 米左右，因为嘴里有成排的尖细牙齿，上下交错，像是锯齿一样，所以得名。

食物和天敌

锯齿海豹又叫食蟹海豹，不过它最喜欢的食物不是蟹，而是磷虾。锯齿海豹的天敌是虎鲸，它身上的大部分伤痕都是虎鲸的攻击造成的。